LE DEUIL,

COMÉDIE.

Par M. D'hauteroche

1672.

A MESSIRE
ANDRÉ-GIRARD
LE CAMUS,
CHEVALIER, CONSEILLER Ordinaire du Roi en ses Conseils d'Etat, Privé, & Direction de ses Finances, ci-devant Procureur-Général de Sa Majesté en sa Cour des Aides.

Monsieur,

Vous trouverez bon, s'il vous plaît, que votre Nom paroisse au-devant de cette Comédie ; & qu'après en avoir dédié une autre à Madame votre charmante Epouse, je vous demande votre protection pour celle-ci. Je sçais que, suivant l'ordre des choses,

A ij

je devois commencer par vous, & que le Mari doit toujours passer devant la Femme; mais je ne sçaurois m'imaginer que vous soyez fâché de cette préférence. Je veux croire que vous êtes content de mon procédé, & que, loin de m'en sçavoir mauvais gré, vous m'en applaudissez en vous-même. Sçavez-vous sur quoi je fonde cette croyance? C'est que je suis persuadé, MONSIEUR, que vous avez l'ame belle, l'esprit bien tourné, & que vous ne haïssez pas le Beau-Sexe. C'est le penchant de tous les honnêtes gens, & j'ose avancer que ce penchant ne leur est pas désavantageux: c'est par-là qu'on a vû les plus grands Hommes faire souvent des actions qui surpassoient leurs attentes, & que les plus foibles & les plus stupides se sont quelquefois tirés de l'obscurité où ils étoient ensevelis. Pour moi, MONSIEUR, j'ai toujours cru que, quelque principe d'honnêteté qu'on pût avoir, on ne faisoit rien d'extraordinaire sans cette inclination; mais que par le desir de se rendre agréable au Beau-Sexe, on cherchoit avec soin les occasions

EPITRE.

de faire bruit dans le monde, & de s'acquérir une réputation qui ne fût pas commune. En verité, MONSIEUR, il faut demeurer d'accord que nous lui sommes fort obligés, puisqu'il fait naître en nous des sentimens dont peut-être ne serions-nous point capables sans cette envie de lui plaire. Je sçais bien que ce n'est pas ici le lieu de faire son éloge, & qu'en vous présentant cette Comédie, je ne devrois penser qu'à vous entretenir des glorieux avantages qu'elle aura de se voir honorée de votre protection: mais sans que je m'explique là-dessus, qui ne sçait pas que c'est une chose incontestable? Je n'ignore pas aussi que je devrois prendre l'occasion de m'étendre sur ce beau génie & ce profond sçavoir qui vous ont fait admirer dans la Charge éminente de Procureur-Général en la Cour des Aides, & que vous avez exercée avec tant de succès ; que, lorsque vous parlâtes de vous en défaire, toute cette illustre Compagnie en eut un regret si sensible, qu'elle fit ses efforts pour tâcher de vous détourner de cette pensée. Mais,

MONSIEUR, quand j'aurai fait un détail de ces perçantes lumieres qui vous ont fait pénetrer les affaires les plus obscures, & résoudre les difficultés les plus embarrassantes ; quand j'aurai fait un tableau de cette intégrité qui vous a rendu recommandable à tous ceux qui ont eu besoin de votre Justice ; quand je me serai épuisé à faire un long discours sur cette grande vivacité d'esprit, qui, dans les Conseils de Sa Majesté, vous faisoit regarder comme un Homme digne des Emplois les plus considérables ; quand je me serai étendu sur cette maniere engageante & cette bonté naturelle qui vous gagnent les cœurs de tous ceux qui vous approchent ; Enfin, *MONSIEUR*, quand j'aurai pris le soin de louer toutes ces rares qualités, qu'aurai-je dit, ou qu'aurai-je fait connoître qu'on ne sçache beaucoup mieux que moi ? Puisqu'il est constamment vrai, *MONSIEUR*, que je ne pourrois rien dire dont chacun n'ait une entiere connoissance, je ne ferai pas mal de me taire, & de vous prier seulement d'agréer le Devil que je vous présente. Je ne vous dirai point

EPITRE.

que, lorsqu'on sçaura que cette Piéce vous est dédiée, cela doit arrêter en quelque façon les traits malicieux d'une Critique envieuse ; car, à vous parler franchement, je n'ai point encore vû que le nom des Puissances qui paroît à la tête des Ouvrages, ni celui des Beaux-Esprits, aient empêché les Censeurs de profession, de se déchaîner contre eux, quand ils se sont imaginé qu'il y avoit de quoi mordre. Ils diront tout ce qu'il leur plaira de cette Comédie sans que je m'en mette en peine ; il suffit pour moi qu'elle vous ait plû & qu'elle ait réussi en Public. Je suis sûr que ces Messieurs auront peine à paroître devant vous pour la déchirer ; particuliérement quand ils sçauront que vous lui faites la grace de l'honorer de votre estime, & que vous me permettez de me dire,

MONSIEUR,

Votre très-humble & très-obéissant serviteur,
DE HAUTEROCHE.

ACTEURS.

PIRANTE, Pere de Timante.

TIMANTE, son Fils.

JACQUEMIN, Fermier & Receveur de Pirante.

BABET, Fille de Jacquemin.

PERRETTE, Servante de Jacquemin.

CRISPIN, Valet de Timante.

NICODEME, Serviteur de Jacquemin.

La Scene est à un Village à deux lieues de Sens.

LE DEUIL,
COMÉDIE.

SCENE PREMIERE.

TIMANTE, CRISPIN,
tous deux en grand deuil.

CRISPIN.

AR ma foi, nous voilà plaisamment
équipés,
Noirs du bas jusqu'en haut, & des mieux
encrêpés !
Seriez-vous bien Parent d'un.... Faut-il que
j'acheve ?
La, d'un de ces Messieurs que l'on rouoit en
Grève,

LE DEUIL,

Le jour qu'il vous a plû de partir de Paris?

TIMANTE.

Maraud!

CRISPIN.

A dire vrai, Monsieur, je suis surpris;
Votre Pere, votre Oncle, enfin tout le lignage
Regorge de santé, rien ne meurt, dont j'enrage;
Pas un Neveu, pas même un arriere-Cousin,
Et le grand Deuil vous plaît à porter.

TIMANTE *riant*.

Oui, Crispin.

CRISPIN.

Vous riez? Cet habit peut donner de la joie,
Quand une tête à bas laisse force monnoie;
Bon pour lors. Mais à moins d'une mort de profit,
L'équipage est lugubre & me choque l'esprit.

TIMANTE.

En d'autres cas encore il peut réjouir l'ame.

CRISPIN.

D'accord, quand un Mari fait enterrer sa Femme.
Comme en se mariant on se met en danger

D'avoir pendant ce nœud tout le tems d'enra-
ger,
Je crois que, pour guérir cette forte de rage,
Il n'est rien de meilleur qu'un prompt & doux
veuvage.
Mais fans moralifer, Monfieur, venons au
point.
Nous arrivons à Sens, où vous n'arrêtez point,
Vous pouffez jufqu'au lieu de votre Métairie,
D'abord vous defcendez dans une Hôtellerie,
Vous y prenez le Deuil; vous m'en équipez
moi,
Qui ne pleure perfonne, & qui ne fçais pour-
quoi.
Si j'ofe demander à quoi tend ce Myftere,
Vous riez, vous chantez, & vous me faites
taire;
Et fans m'expliquer rien, toujours la joye au
cœur,
Vous entrez dans la cour de votre Receveur.
Ce noir déguifement cache au moins quelque
chofe:
Pour la derniere fois j'en demande la caufe.
(*Timante fourit.*)
Allez-vous rire encor? Bon foir; je n'en fuis
plus.

TIMANTE.

Cet habit me vaudra plus de deux mille écus.

CRISPIN.
Deux mille écus?

TIMANTE.
Oui.

CRISPIN.
Peste! Et combien en aurai-je?
Equipez comme vous, j'ai même privilége;
Et je ne prétends pas porter le Deuil *gratis*.

TIMANTE.
Ta part s'y trouvera.

CRISPIN.
Les merveilleux habits!
Mais déguisés ainsi, dans le bois le plus proche,
N'auriez-vous point dessein de voler quelque Coche?
Qu'en est-il?

TIMANTE.
Moi voler! C'est perdre la raison,
Que...

CRISPIN.
J'entends. Mais, Monsieur, je crains la pendaison.
Pour toucher cet argent, çà, que faut-il donc faire?

COMEDIE.

TIMANTE.

Pleurer. Sçais-tu pleurer?

CRISPIN.

Moi? Non; mais je sçais braire.
Cela suffira-t-il?

TIMANTE.

Tu feras de ton mieux;
Et quand je pleurerai...

CRISPIN.

J'ai de terribles yeux.
Commencez seulement : pour venir à la charge,
Je vous réponds, Monsieur, d'une bouche aussi
 large.
Il ne faut qu'essayer, voyez : Hin, hin, hin...

TIMANTE.

Bon.

CRISPIN.

L'accord est musical, est-ce là votre ton?

TIMANTE.

Fort-bien.

CRISPIN.

Mais de ces pleurs, à quoi tend le mystere?

TIMANTE.

A duper Jacquemin, Receveur de mon Pere?
A qui par ce faux Deuil, appuyant mon rapport,

Je perfuaderai que le Bon-homme eft mort,
Et que, depuis huit jours, furpris d'apoplexie,
Tout d'un coup fans parler il a fini fa vie.
J'en fuis feul héritier ; & Jacquemin, je croi,
Prétendant n'avoir plus à compter qu'avec moi,
Ne refufera pas de me payer la fomme
Que pour le premier ordre il tient prête au Bon-
 homme.

CRISPIN.

Vous êtes Fils unique, & votre Receveur,
S'il plaifoit à la Mort de vous faire l'honneur
De faifir au collet votre avare de Pere,
Auroit avecque vous quelques comptes à faire :
Mais fur quoi s'affurer qu'il doit deux mille écus ?

TIMANTE.

Six cents Louis, Crifpin, tous paiemens rabat-
 tus.
De mon Pere pour lui j'ai furpris cette Lettre.
Ecoute, & tu verras ce qu'on peut s'en pro-
 mettre.

Il lit.

MOnfieur Jacquemin, votre compte eft bon. Les diverfes fommes que vous m'avez fait toucher ici, & dont vous n'avez point de quittances, montent à huit cent écus ; ainfi refte dû fix mille fix cents livres. Ne vous embarraffez pas à chercher une voie fûre pour me les faire tenir ; j'irai moi-même les recevoir sur les lieux dans quinze jours ou trois semaines, & nous aviserons ensemble à regler les clauses du nouveau Bail que vous demandez. Je ne vous écrirai point davantage là-dessus ; ne me faites point de réponse. Votre meilleur Ami,   *PIRANTE.*

En prenant les devants, comme il est bon payeur...

CRISPIN.

J'entends ; plus fin que vous n'est pas bête, Monsieur ;
Et pour un nouveau Bail, sans trop songer aux clauses,
Je vous crois déja voir accommoder les choses.
Pour bien faire, il faudroit que Monsieur Jacquemin,
Obtenant du rabais, grossît le Pot-de-vin :
Il en demandera, signez tout.

TIMANTE.

Moi ?

CRISPIN.

Qu'importe ?
La piece en vaudra mieux, plus elle sera forte.
Votre Pere a bon dos.

TIMANTE.

Il n'entend pas raison.

LE DEUIL,

Quel Pere ! Il faut aller joindre ma Garnison ;
Je pars, &, pour tout fruit de mes belles paroles,
Ayant à m'équiper, j'emporte vingt Pistoles :
Me voilà bien !

CRISPIN.

Aussi pour vous en consoler,
Sans façons, en bon Fils, vous venez le voler ;
Mais quoiqu'en ce dessein, Monsieur, je vous admire,
Si votre Pere, enfin, s'est avisé d'écrire,
Sa Lettre & vos discours n'auront aucun rapport,
Et nous serons tondus sur cette feinte mort.

TIMANTE.

Au commerce d'écrire avec joie il renonce,
Il plaint trois mois entiers le port d'une réponse :
Tu vois que par sa Lettre il mande à Jacquemin
De ne lui point récrire ; outre cela, Crispin,
J'ai sçu....Mais taisons-nous, quelqu'un vient.

CRISPIN.

C'est Perrette ;
Et Madame Babet. La friponne est bien faite,
Monsieur, & vaudroit bien, soit dit sans faire tort...

COMEDIE.

TIMANTE.

Songe à l'apoplexie, & que mon Pere est mort.

SCENE II.

PERRETTE, BABET, TIMANTE, CRISPIN.

PERRETTE *à Babet entrant; regardant Timante.*

JE ne me trompe point, c'est notre jeune Maître.

BABET.

Dans un pareil habit j'ai pû le méconnoître. Quoi Timante; c'est vous? d'où vient donc ce grand Deuil?

TIMANTE *pleurant.*

Ah Babet!

BABET.

Crispin?

CRISPIN *pleurant.*

Ah!

LE DEUIL,

BABET.

Tous deux la larme à l'œil.

TIMANTE *pleurant.*

Quel malheur!

PERRETTE *à Crispin.*

Apprends-nous quelle perte il a faite.

CRISPIN *pleurant.*

Son Pere...

PERRETTE.

Hé bien! son Pere?

CRISPIN *pleurant.*

Il est gîté, Perrette,
Le pauvre homme! il m'aimoit comme si... Mais enfin
Dieu veuille avoir son ame.

PERRETTE.

Il est mort?

BABET.

Quoi! Crispin,
Pirante est mort?

CRISPIN *pleurant.*

Malgré tout ce qu'on a pû faire,
Il est... Ah!

BABET.

Je l'aimois comme mon propre Pere.
Soutiens-moi.

Elle s'appuie sur Perrette.

PERRETTE.

Ce malheur est touchant ; mais...

BABET.

Hélas !

CRISPIN *bas à Timante.*

Que ne la prenez-vous, Monsieur, entre vos bras ?
Ses ennuis passeroient plutôt.

TIMANTE.

Ils m'embarrassent.

CRISPIN.

Voilà que c'est d'avoir des Peres qui trépassent !

PERRETTE.

La, revenez à vous ; puisque le Mort est mort,
Quel remede, & pourquoi s'en affliger si fort ?

CRISPIN *à Babet.*

Perrette le prend bien, point de mélancolie.
Les Morts ne vivent plus, les pleurer c'est folie.

BABET *pleurant.*

Il étoit mon Parrein, & j'aurois peu de cœur...

TIMANTE *larmoyant.*

Suffit, Babet ; c'est trop partager ma douleur.

BABET *larmoyant.*

Si mes larmes...

PERRETTE.

Par-là qu'est-ce que l'on avance ?
Voyez Monsieur, il prend son mal en patience.

CRISPIN.

C'est qu'il sçait vivre : Diable !...

TIMANTE.

Et Monsieur Jaquemin,
Que fait-il ?

PERRETTE.

Tout à l'heure il étoit au Jardin.
Je m'en vais le chercher, consolez-vous ensemble.

SCENE III.
TIMANTE, BABET, CRISPIN.

TIMANTE *riant.*

Hé bien ! Babet ?

BABET.

Hé quoi ! vous riez !

TIMANTE.

Que t'en semble ?
Le Deuil me sied-il bien ?

BABET.

Je ne sçais où j'en suis.
Oubliez-vous déjà...

TIMANTE.

Babet, trêve d'ennuis ;
Mon Pere n'est pas mort.

BABET.

Ah ! j'ai lieu de me plaindre,
Vous me trompez.

TIMANTE.

Il m'est important de le feindre ;

Ayant besoin d'argent, je n'imagine rien
De plus propre à duper & ton Pere & le mien.

BABET.

Mais comment pensez-vous ?...

TIMANTE.

Ne t'en mets point en peine:
Avec moi seulement souffre que je t'emmene;
Si tu veux éclater, il faut prendre ce tems.

BABET.

Je pars à l'heure même, & vais coucher à Sens.

TIMANTE.

Seule?

BABET.

Seule, & je dois, par l'ordre de mon Pere,
Avec certain Parent terminer quelque affaire:
Rendez-vous y, j'y couche; & là nous résou-
    drons,
Touchant votre dessein, quel parti nous pren-
    drons.

TIMANTE.

Deux heures de chemin sans que l'on t'accom-
    pagne!
Je crains...

BABET.

Tout est rempli de gens dans la Campagne:

COMEDIE.

Il est jour de marché ; je vous quitte : à tantôt.

TIMANTE.

Je ferai mon pouvoir pour te joindre au plutôt.

BABET.

Je vais partir, avant que mon Pere survienne.

SCENE IV.

TIMANTE, CRISPIN.

CRISPIN *montrant du doigt l'endroit où Babet est rentrée.*

Monsieur, hem ?

TIMANTE.

Qu'est-ce ?

CRISPIN.

Il n'est qu'en dira-t-on qui tienne,
La Babet est traitable, & se rend sans façon.

TIMANTE.

Son honneur avec moi ne court point hazard.

CRISPIN.

Bon !
Le moyen ?

TIMANTE.

Elle peut...

LE DEUIL,

CRISPIN.

J'entends; dans le Voyage,
La Belle en tout honneur aura soin du bagage.
Quand vous en serez las pour le moins...

TIMANTE.

Maître Sot!

CRISPIN.

Souffrez-moi la Servante, & je ne dirai mot.
A ces conditions c'est une affaire faite;
Vous emmenez Babet, j'emmenerai Perrette.

TIMANTE.

Ah! ce n'est pas de même.

CRISPIN.

Et pourquoi non? je croi
Qu'en esprit, beaux discours, vous l'emportez
  sur moi;
Mais où l'esprit n'est pas tout-à-fait nécessaire,
Monsieur, sans vanité, je suis assez bon frere,
Et?..

TIMANTE.

Pour faire cesser tes sots raisonnemens,
Apprends qu'alors tu fais de mauvais jugemens,
Et qu'au sort de Babet les nœuds de l'hymé-
  née,
Au déçû de mon Pere, ont joint ma destinée.

CRISPIN.

CRISPIN.
Vous l'avez épousée ?

TIMANTE.
Oui.

CRISPIN.
Vous êtes Mari ?

TIMANTE.
Depuis plus de six mois.

CRISPIN.
Et n'êtes point marri ?

TIMANTE.
Moi ! point du tout.

CRISPIN.
Miracle ! Il ne s'en trouve gueres
De si contens que vous de ces sortes d'affaires ;
Aussi n'êtes-vous pas encor bien marié.

TIMANTE.
Pour bien faire la chose, on n'a rien oublié :
J'ai pour Babet...

CRISPIN.
D'accord ; ne pouvant voir la Belle
Qu'en secret rendez-vous, vous n'aimez rien tant
  qu'elle ;
Mais Babet aujourd'hui, vos plus cheres amours,

B

LE DEUIL,

Ne sera plus Babet, quand vous l'aurez toujours.

TIMANTE.
Il faut incessamment que ta langue s'égaye.

CRISPIN.
Hazard ; gageons, Monsieur ; & si je perds, je paye.
Mais son Pere sçait-il que....

TIMANTE.
Non, il n'en sçait rien ;
Car comme en avarice il surpasse le mien,
Et qu'un sou déboursé lui semble arracher l'âme,
Sans doute il eût tout fait pour traverser ma flâme ;
Mais l'hymen declaré, tout lui parlant pour moi,
Il faudra bien qu'il chante, ou qu'il dise pourquoi.

CRISPIN,
Mais, Monsieur, étant Noble & de bonne Famille,
D'un simple Receveur vous épousez la Fille.
Que dira votre Pere ?

TIMANTE.
Il s'estomaquera,
Fera le difficile, & puis s'appaisera.
Après tout, Jacquemin, quoiqu'il soit sans naissance,

C'est, l'avarice à part, un homme d'importance ;
Il est le Coq du Bourg, connu pour un Cré-
  sus,
Et possede du moins cinquante mille écus ;
Cela répare assez le défaut du rang.

CRISPIN.

Peste
Puisqu'il a tant de bien, il est Noble de reste,
Combien de soi-disans Chevaliers & Marquis,
Se targuent sottement de noblesse à Paris,
Dont, en s'emmarquisant, la plus haute noblesse
A seulement pour titre une grande richesse !
Sans cela leur naissance est basse & sans éclat,
Et leur bien, en un mot, fait tout leur Mar-
  quisat :
Ces Gens, au tems qui court, ont beaucoup de
  Confreres
Mais la chere Babet, elle n'a Sœurs ni Freres.

TIMANTE.

Babet est fille unique ; & bien d'autres que
  moi....

CRISPIN.

Bien d'autres ? Quantité tiennent leur quant-à-
  moi,
Qui, loin de refuser une affaire semblable,
Moyennant force écus, épouseroient le Diable.
Le Diable cependant doit être roturier.

B ij

Qu'en croyez-vous ?

TIMANTE.

Badin !

CRISPIN.

Je ne suis pas Sorcier :
Ce que j'en dis, Monsieur, n'est que par con-
 jecture :
Mais être grand trompeur sent beaucoup la ro-
 ture.
On dit que c'est du Diable une perfection.
Timante sourit.
D'ailleurs comme le Monde est plein d'ambi-
 tion,
Et suivant que chacun par l'argent se gouver-
 ne,
Si le Diable en ces lieux venoit tenir Taver-
 ne,
Qu'il voulût enrichir ceux qui boiroient chez
 lui,
La foule seroit grande.

TIMANTE.

Il est vrai qu'aujourd'hui,
Passât-on en vertu les vieux Héros de Rome,
Si l'on n'a de l'argent, on n'est pas honnête-
 homme :
Il en faut pour paroître.

CRISPIN.

Aussi pour en avoir,
Il n'est ressort honteux qu'on ne fasse mouvoir.
Loix, justice, équité, pudeur, vertu sévere,
Par-tout au plus offrant on n'attend que l'enchere;
Et je ne sçache point d'honneur si bien placé,
Dont on ne vienne à bout, dès qu'on a financé.

TIMANTE.

Tu crois donc....

CRISPIN, *montrant Jacquemin.*

St.

TIMANTE.

J'entends ce que tu me veux dire.

CRISPIN, *bas à son Maître.*

Songeons à larmoyer, il n'est plus tems de rire.

SCENE V.

JACQUEMIN, TIMANTE, CRISPIN, PERRETTE.

JACQUEMIN, *à Timante.*

Monsieur, que m'apprend-on?

TIMANTE, *pleurant.*

Ah! Monsieur Jacquemin....

LE DEUIL,

JACQUEMIN, *pleurant.*
Mon pauvre Maître ; ah, ah.

TIMANTE, *pleurant.*
Ah.

CRISPIN, *pleurant.*
Hon, hon.

PERRETTE, *pleurant.*
Hin, hin, hin.

CRISPIN, *à Timante.*
Hé ! Monsieur, un esprit de la trempe du vôtre...

TIMANTE.
J'ai tout perdu, Crispin ; tu le sçais mieux qu'un autre.

CRISPIN.
Oui, vous perdez beaucoup ; mais dans un tel malheur
On doit patiemment supporter sa douleur.
Le Ciel le veut ainsi. Lui faire résistance,
Ah ! songez donc, Monsieur, que c'est lui faire offense.
Il est vrai ; votre Pere auroit couru hazard
De vivre plus long-tems, s'il étoit mort plus tard ;
Mais quand par la rigueur... des ordres qu'il faut suivre,

COMEDIE.

On est mort tout-à-fait... on ne sçauroit plus vivre.
Considerez d'ailleurs... que le tems vous fait voir,
Que la raison... Monsieur, prêtez moi ce mouchoir,
Je n'y pense point, sans...

En arrachant le mouchoir de Timante qui le tient à ses yeux.

JACQUEMIN, *pleurant.*

Crispin me perce l'âme.

CRISPIN, *à Jacquemin.*

Monsieur,... ah.

TIMANTE.

Ah.

PERRETTE.

Hin, hin,

JACQUEMIN, *pleurant.*

Quand je perdis ma Femme,
Il m'en souvient encor...

CRISPIN.

Hé! Monsieur Jacquemin,
Laissez là votre Femme, elle est bien morte.

JACQUEMIN, *pleurant.*

Enfin,

Il nous faut tous mourir, je suis vieux, &
  peut-être...

CRISPIN.

Voulez-vous par vos pleurs désespérer mon
  Maître ?
Comme il sanglotte ! Au lieu de le ragaillardir,
Vous augmentez son mal.

TIMANTE.
  Il ne peut s'agrandir.

PERRETTE.

Crispin a raison, &...

JACQUEMIN.
   Je le sçais; mais Perrette,
Quand je sentirois moins la perte que j'ai faite,
Il faudroit, quand d'un Maître on apprend le
  trépas,
N'avoir guere d'honneur pour ne s'affliger pas...
Monsieur Pirante étoit un Ami...

CRISPIN.
     Laissez faire :
Monsieur, est honnête-homme, & vaudra bien
  son Pere.
Vous verrez.

JACQUEMIN.
  Dieu le veuille.

COMEDIE.

PERRETTE, *à Jacquemin.*

Hé! là donc, parlez-lui.

JACQUEMIN, *à Timante.*

Nous avons tous les deux un grand sujet d'ennui,
Et tous deux nous perdons, sans y pouvoir que faire,
Moi, Monsieur, un bon Maître, & vous un brave Pere ;
Mais pour m'en consoler, j'espere, en ce malheur,
Que vous vous souviendrez de votre Serviteur.
J'ai soixante-deux ans ; & dès mon plus bas âge
J'étois de la Maison.

TIMANTE.

Il faut prendre courage.
Je perds un Pere à qui vous rendiez bien des soins :
Il étoit votre ami, je ne le suis pas moins.

JACQUEMIN.

Il est mort, quelle perte ! à tous momens j'y pense,
Et tant que je vivrai j'en aurai souvenance.
Voyant qu'en l'autre Monde il lui falloit aller,
Ne vous a-t-il pas dit...

B v

LE DEUIL,

TIMANTE.

Il est mort sans parler.

JACQUEMIN.

Sans parler !

TIMANTE.

Le moyen ? Quand il eût eu cent vies...

CRISPIN.

Il avoit la valeur de quatre apoplexies.

JACQUEMIN, *redoublant sa tristesse.*

Ah !

TIMANTE.

Quel nouveau chagrin vous rend si consterné ?

JACQUEMIN, *se désesperant.*

Ah Ciel !

TIMANTE.

Qu'avez-vous donc ?

JACQUEMIN.

Me voilà ruiné.

TIMANTE.

Comment ?

JACQUEMIN.

C'est qu'en trois fois, Monsieur, j'ai par avance
Donné....

CRISPIN.
Vous avez fait des paiemens sans quittance?

JACQUEMIN.
Hélas! oui.

CRISPIN.
Ces paiemens nous ont bien fait souffrir.

JACQUEMIN.
Est-ce que....

CRISPIN.
De frayeur j'en ai pensé mourir.
Allez ne craignez rien, on vous en tiendra compte.

JACQUEMIN.
On sçait donc....

CRISPIN
Je prenois les Esprits pour un conte,
Mais je suis détrompé; car, pour vos intérêts,
Le pauvre Mort nous est apparu tout exprès.

JACQUEMIN.
Apparu!

CRISPIN, *montrant son Maître.*
Demandez.

TIMANTE.
Sans doute.

LE DEUIL,

JACQUEMIN.

Est-il croyable ?

CRISPIN.

Il nous a lutinés six jours comme le Diable,
Tantôt en Pigeon blanc, tantôt en Chien Barbet ;
Tant enfin qu'ennuyé de s'être contrefait,
Sous sa propre figure il s'est fait reconnoître,
Et me serrant le bras : Crispin, connois ton Maître,
M'a-t-il dit : Vous, mon Fils, n'ayez aucune peur,
A-t-il continué, s'adressant à Monsieur ;
Du Seigneur Jacquemin je viens vous dire comme
J'ai reçu sans quittance en plusieurs fois la somme....

JACQUEMIN.

Combien ? N'a-t-il pas dit, Monsieur, huit cents écus ?

TIMANTE.

Autant.

JACQUEMIN.

J'ai fait tenir quelque chose de plus ;
Mais n'importe. Il faut donc, s'il vous plaît, me déduire.

TIMANTE

Il suffit que le Mort soit venu m'en instruire,
Cela vaut fait.

JACQUEMIN.

Voyez, avec les gens de bien,
On a beau hazarder, on ne perd jamais rien.

CRISPIN.

Le Défunt, quoiqu'avare, avoit l'ame auſſi
 ronde...

JACQUEMIN.

Le pauvre Homme ! Etre exprès venu de l'autre monde !
Quelle peine !

CRISPIN.

Pour vous, s'il eût été beſoin,
Il ſeroit bien encor revenu de plus loin.
Poſſible s'il voyoit, s'agiſſant de finance,
Que mon Maître n'eût pas fort bonne con-
 ſcience,
Il pourroit, pour ôter tout ſujet d'embarras,
Venir jusques chez-vous.

JACQUEMIN.

Ah ! qu'il n'y vienne pas.

CRISPIN.

Il vous apporteroit un acquit.

LE DEUIL,

JACQUEMIN.

Je l'en quitte.

PERRETTE.

Il est assez de Morts à qui rendre visite ;
Qu'il les voye, & pour nous qu'il nous laisse
en repos.

TIMANTE.

Non, il n'y viendra pas ; mais changeons de
propos.
Vos paiemens sans acquit n'ont rien que je
conteste.

JACQUEMIN.

Cela déduit, je dois six cents Louis de reste :
Il vous les faut compter. Mais, Monsieur, tous
les ans
Je paye à jour nommé jusqu'à neuf mille francs.
C'est trop ; le Bail finit ; il en faudroit rabattre.

TIMANTE.

Vous vous raillez.

JACQUEMIN.

Monsieur, depuis soixante-quatre,
C'est misere, & les grains sont de nulle valeur.

CRISPIN, à Timante.

L'avarice ne peut que vous porter malheur,
Il faut que chacun vive, & . . .

COMEDIE. 39

JACQUEMIN, *bas à Crispin.*

Parle, & je te donne....

CRISPIN, *à Timante, haut.*

Monsieur le Receveur ne veut tromper personne :
S'il y trouvoit son compte, il ne le diroit pas.

JACQUEMIN.

Si vous sçaviez, Monsieur, comme on fait
peu de cas...

TIMANTE.

On ne refuse guere une premiere grace.

CRISPIN.

Rabattez mille francs.

TIMANTE.

Non, pour la moitié passe ;
Je l'accorde.

CRISPIN.

A donner, mon cœur va le galop.

JACQUEMIN.

Monsieur, les mille francs n'auroient point été
trop ;
Mais si j'y perds encore, ayant un si bon Maître,
j'espere...

TIMANTE.

Avec le tems je me ferai connoître ;
Mais je veux cent Louis de Pot-de-Vin.

LE DEUIL,

JACQUEMIN.

Comment! Cent Louis!

TIMANTE.

Vous peut-on traiter plus doucement?

JACQUEMIN.

Mais...

CRISPIN.

Monsieur Jacquemin, là.

JACQUEMIN.

Quoi?

CRISPIN.

Point de querelle.
Voulez-vous disputer pour une bagatelle?
Monsieur est raisonnable, il vous aime; en neuf ans
Songez qu'il vous remet près de cinq mille francs.
Tant pour sa garnison que pour d'autres affaires,
Il a besoin d'argent.

JACQUEMIN.

Voyons donc les Notaires.
Monsieur, vous voulez bien que nous allions à Sens.

COMEDIE.

TIMANTE.

Quoi! pour renouveller votre Bail? j'y consens;
Mais la mort de mon Pere à tant de soins m'engage,
Que ne pouvant tarder ici de ce voyage,
Je vous vais seulement signer que je promets
De vous faire par an cinq cents francs de rabais.
Il ne faut qu'au vieux Bail ajoûter cette clause.

JACQUEMIN.

Je vais querir l'argent; entrez.

TIMANTE.

Non, & pour cause,
Nous sommes pour cela fort bien dans cette cour.
Du Défunt autrefois ces lieux étoient l'amour,
Et dans l'accablement où sa perte me plonge;
Je n'y sçaurois entrer sans...

JACQUEMIN, *s'affligeant.*

Monsieur, quand j'y songe...

CRISPIN.

Que c'étoit un brave homme!

JACQUEMIN.

Oui sans doute, Crispin,

LE DEUIL,

CRISPIN, *montrant son Maître.*

Ne pleurez plus. Songez...

JACQUEMIN, *s'en allant.*

J'entends; Oh! Mathurin!
Perrette, promptement qu'il apporte une Table.

Perrette rentre.

CRISPIN, *allant après Jacquemin.*

Monsieur le Receveur, je suis un pauvre Diable;
Souvenez-vous de moi, j'ai parlé comme il faut.

A Timante.

Tout va bien, Monsieur.

SCENE VI.
TIMANTE, CRISPIN.

TIMANTE.

Oui, délogeons au plutôt,
Cours à l'Hôtellerie; &, pour partir sur l'heure,
Fais brider nos Chevaux.

CRISPIN.

Mais si je ne demeure,
Ma part du Pot-de-Vin...

COMEDIE.

PERRETTE.

Tu reviendras après.

PERRETTE, *faisant apporter par Mathurin une table & un siége, du papier & une écritoire.*

Je m'en vais avoir peur de tous les Chiens Barbets;
Je viens d'en voir un là plus grand qu'à l'ordinaire,
Que je croyois qui fût l'ame de votre Pere :
Le sang m'a remué jusqu'au fin bout des doigs.
Vous est-il apparu du jour ?

TIMANTE.
Cinq ou six fois.

PERRETTE.

De quel poil ?

CRISPIN.
Il étoit roux-gris.

PERRETTE.
C'est lui peut-être.
Va voir si tu pourras, Crispin, le reconnoître;
Il est dans la Cuisine.

CRISPIN.
A-t-il le nez camus ?

PERRETTE.

Hé!...

LE DEUIL,

TIMANTE.

Cours où je t'envoye, & ne raisonne plus.
Il rentre.

SCENE VII.

TIMANTE, PERRETTE.

TIMANTE.

Babet est donc partie?

PERRETTE.

Oui, Monsieur, & son pere
Lui fait faire un voyage assez peu nécessaire.
Je crois qu'elle en enrage.

TIMANTE.

Et d'où vient?

PERRETTE.

Entre nous,
Il faut qu'elle ait, Monsieur, quelque chose
    pour vous.
Elle me dit souvent que vous êtes si sage;
Si rempli de bonté, si discret, que je gage...

SCENE VIII.

JACQUEMIN, *entrant.*

TIMANTE, PERRETTE.

JACQUEMIN, *une bourse à la main.*

CEtte Bourse a, Monsieur, de quoi vous contenter.
Sept cents Louis.... Voyons si....

TIMANTE.

Je prends sans compter.

JACQUEMIN.

Ils sont en petit lots roulés tous par cinquante,
Hors ceux du Pot-de-Vin, qui, contre mon attente,
Vont, en vous les donnant, me réduire à l'emprunt.
Je les tenois tout prêts pour le pauvre Défunt.

TIMANTE.

Hé! vous n'en manquez pas.

JACQUEMIN.

Chacun sçait ses affaires;
Monsieur, au tems qu'il est on n'en amasse gueres.
Voici le Bail.

TIMANTE.

Donnez; quatre lignes au bas,
Attendant mon retour, vaudront mille Contrats.
Pendant que Timante écrit sur la table, Jacque-
min & Perrette disent ces quatre Vers.

JACQUEMIN.

Perrette, que je perds à la mort de Pirante!
Estre mort sans le voir!

PERRETTE.

Oui, la chose est touchante;
Mais, Monsieur, je crains bien qu'il revienne
ceans
Un certain grand Barbet que j'ai vû là-dedans.

TIMANTE, *les interrompant en*
achevant d'écrire.

Fait ce... 1673. TIMANTE.

JACQUEMIN lit haut.

JE soussigné confesse avoir reçu de Monsieur Jacquemin, la somme de six mille six cents livres, qui, jointe à deux mille quatre cents livres qu'il avoit payés à feu mon Pere sans quittance, l'acquittent de l'année échue à Pâques dernier. Plus, j'ai reçu cent Louis d'or pour le Pot-de-Vin du nouveau Bail que je m'oblige de lui passer devant les Notaires toutefois & quantes, aux mêmes clauses & conditions de celui-ci, à la réserve du prix qui ne

COMEDIE.

sera à l'avenir que de huit mille cinq cents livres. Fait ce mil sept cent soixante & treize.

TIMANTE

TIMANTE, à Jacquemin.

En est-ce assez ?

JACQUEMIN.

C'est plus qu'il n'étoit nécessaire.
Chacun, ainsi que vous, n'est pas fils de son Pere.
De l'air dont sur le champ vous dressez un acquit,
On voit bien qu'il vous a fait part de son esprit.
J'ai peine à croire encor qu'il soit mort.

TIMANTE.

Je vous quitte ;
Plus je suis avec vous, plus ma douleur s'irrite.
Adieu, vous me verrez avant qu'il soit un mois :
Toi, Perrette, viens-çà ; Songe à moi quelquefois,
Tiens : Et si Nicodeme un jour te prend pour Femme,

Lui donnant deux Pistoles.

Crois....

LE DEUIL,

PERRETTE.

Vous aurez, Monsieur, tout pouvoir.

JACQUEMIN.

La bonne ame !
Au moins ne partez pas sans m'envoyer Crispin.

TIMANTE.

Il viendra vous trouver.

JACQUEMIN.

Qu'il vienne ; car enfin
Il est bon que chacun soit content.

SCENE IX.

PERRETTE, JACQUEMIN.

PERRETTE.

Notre Maître,
Le brave jeune-homme ! Ah ! quand je l'ai vû
paroître,
J'ai bien cru qu'il avoit pour nous un bon dessein.

JACQUEMIN.

C'est son Pere tout fait.

PERRETTE.

COMEDIE.

PERRETTE.

Fi, c'étoit un vilain,
Un ladre.

JACQUEMIN.

Il ne faut pas appeller vilainie,
Ce que les gens sensés nomment œconomie ;
La différence est grande, & quiconque dira
Que Pirante....

PERRETTE.

Il étoit tout ce qu'il vous plaira ;
Mais il ne m'a jamais donné la moindre chose.
A propos de donner (car il faut que je cause,
Et qu'au moins une fois je décharge mon
  cœur)
Quand il faut desserrer, vous avez belle peur.
Depuis six ans entiers que votre femme est
  morte,
Le faix est lourd, & c'est Perrette qui le porte.
Aux Champs, comme à la Ville, ai-je quelque
  repos ?
Je ne recule à rien, tout tombe sur mon dos.
Quel bien m'avez-vous fait ?

JACQUEMIN.

Perrette, patience ;
Tout vient avec le tems ; j'ai de la conscience ;
Et dans mon Testament tu verras...

C

PERRETTE.

Justement.
Me voilà bien chanceuse avec son Testament !
Des avaricieux c'est l'excuse ordinaire.
Ils donnent tout leur bien quand ils n'en ont
 que faire.
Vos écus, dont l'amas vous est encor si doux,
Voulez-vous point les faire enterrer avec vous ?
Franchement je m'en lasse, & pour toutes mes
 peines
Je mériterois bien qu'aux Foires, aux Etren-
 nes,
Vous ouvrissiez la bourse. Un homme veuf à
 Sens
Me fait, pour le servir, presser depuis long-
 tems.
Si je vous veux quitter, il m'offre de bons ga-
 ges.

JACQUEMIN.

Tais-toi, je t'aurois fait de plus grands avan-
 tages,
Si je n'avois pas craint de faire babiller.
Mais Babet au plutôt se doit faire habiller ;
En achetant pour elle, il faut qu'elle te don-
 ne....
Car, vois-tu ! j'aime mieux, de peur qu'on me
 soupçonne....

COMEDIE.

PERRETTE.

Que soupçonneroit-on à soixante & cinq ans?

JACQUEMIN.

Il s'en faut quelque chose, & ....

PERRETTE.

Chacun a son tems:
Le vôtre est fait. Pour elle, un Mari, ce me semble,
Lui viendroit bien à point : ils vivroient bien ensemble.

JACQUEMIN.

A son âge un Mari !

PERRETTE.

Quoi ! vous vous effrayez !

JACQUEMIN.

Elle n'a que vingt ans, c'est un enfant.

PERRETTE.

Voyez,
Qu'il en meurt tous les jours faute d'âge.

JACQUEMIN.

Es-tu folle ?
La marier ?

C ij

: LE DEUIL,

SCENE X.
PERRETTE, JACQUEMIN, PIRANTE.

PERRETTE appercevant Pirante, & tirant par le bras Jacquemin voulant fuir.

Monsieur ! Ah je perds la parole. Misericorde !

JACQUEMIN.
Qu'est-ce, où vas-tu ?

PERRETTE.
Le Lutin....

En s'enfuyant.

Ah !

JACQUEMIN *revenant sur le bord du Théâtre.*

Que veut-elle dire ?

COMEDIE.

SCENE XI.
JACQUEMIN, PIRANTE.

PIRANTE *frappant sur l'épaule de Jacquemin.*

Ho! Monsieur Jacquemin.

JACQUEMIN *s'enfuyant avec précipitation.*

A l'aide !

PIRANTE.

En me voyant, s'écrier de la sorte !
Fuir sans vouloir m'entendre, & me fermer la porte !
Suis-je pestiféré ? que veut dire ceci ?
Mais quelqu'un de ses Gens m'en peut rendre éclairci ;
L'un d'eux vient à propos.

SCENE XII.
PIRANTE, NICODEME.

NICODEME *venant avec une grande fourche de bois sur son épaule, & chantant cette Chanson sur le Chant :*

Une & deux & trois & quatre & cinq & six,
 Sept & huit & neuf & dix,
 Onze & douze & treize, &c.

Blaise en revenant des Champs,
 Tout dandinant,
Il trouvit la Femme à Jean ;
Et puis ils s'en furent,
Dans une masure.

 Un Vigneron, près de-là,
Voyant cela,
Leur dit : Que faites-vous là ?
A quoi répond Blaise :
Je nous sons bien aise.

PIRANTE *abordant Nicodeme.*

Dieu te gard', Nicodeme.

NICODEME.

Bon jour, Monsieur Pirante. Ah ! c'est donc vous ?

COMEDIE.

PIRANTE.

Moi-même.

NICODEME.

Vous me voyez joyeux; toujours bon appétit.

PIRANTE.

L'appétit & la joie entretiennent l'esprit.

NICODEME.

J'aime à rire, à chanter, à me bailler carriere;
Et j'ai toujours été bâti de la magniere.
Vous êtes bien gaillard?

PIRANTE.

Oui, je me porte bien.

NICODEME.

Quand j'avons la santé, je ne manquons de rien;
Morgué! c'est un grand point.

PIRANTE.

Il est vrai; mais ton Maître,
Comment est-il?

NICODEME.

Comment? il est comme il doit être,
Toujours bien essoufflé quand il marche.

PIRANTE.

A-t-il eu
Quelque mal violent ?

NICODEME.

Pourquoi ?

PIRANTE.

Quand il m'a vû,
Il s'eſt mis à crier d'un ton épouvantable,
Et n'auroit pas mieux fui, s'il avoit vû le Diable.
Eſt-il devenu fou ?

NICODEME.

Peſte ! il n'eſt pas ſi ſot.
Tout vieux barbon qu'il eſt, il dit encor le mot.
C'eſt un brave homme.

PIRANTE.

Mais par quelle extravagance,
Criant tout haut à l'aide, a-t-il fui ma préſence ?
Il eſt donc poſſédé ?

NICODEME.

Vous vous gauſſez de nous,
Bon ! s'enfuir ! hier encor il nous parloit de vous,
But à votre ſanté juſqu'à perte d'haleine,
Nous dit que vous viendriez poſſible dans quinzaine.

COMEDIE.

PIRANTE.
Oui, je l'avois écrit.

NICODEME.
Hé bien donc?

PIRANTE.
Mais depuis,
J'ai changé de deſſein.

NICODEME.
Je vas faire ouvrir l'huis,
Et quand il vous varra...

PIRANTE.
Je te dis, Nicodeme,
Qu'il m'a vû, reconnu.

NICODEME.
C'eſt queuque ſtratagême ;
Car il n'étoit pas ſou quand j'avons déjeûné :
Lui-même dans ces Champs il m'a là-bas mené.
Depuis, je ne dis pas ; mais j'allons voir. Par-
rette !

Frappant à la porte.

PERRETTE *en-dedans.*
Qui frappe ?

NICODEME.
Nicodeme ; Ouvre.

C v

PERRETTE *ouvre la porte,*
& voyant Pirante, la referme en difant:

Ah !

NICODEME.

Comme on nous traite !
Alle a le Diable au corps.

PIRANTE.

Tu vois fi j'ai raifon.

NICODEME.

Oh ! pargué, j'entrerons pourtant dans la Maifon ;
Ouvre.

Frappant.

PIRANTE.

Le mal du Maître a gagné la Servante.

PERRETTE *en-dedans.*

Qui heurte ?

NICODEME.

Nicodeme, avec Monfieur Pirante ;
Il vient voir notre Maître.

PERRETTE.

Hélas ! c'eft fait de toi,
Nicodeme, s'il faut qu'il te touche.

COMEDIE.

NICODEME.

Pourquoi ?

PERRETTE *en-dedans*.

Monsieur Pirante est mort, on en a la nouvelle;
Ce n'est que son Esprit qui revient.

PIRANTE.

Que dit-elle ?

NICODEME.

All' dit qu'ous êtes mort, & que c'est votre Esprit
Qui me parle. Pourquoi ne me l'avoir pas dit ?
Vous avez tort.

PIRANTE.

Jamais fut-il rien de semblable ?
Quoi ! Nicodeme, on veut....

NICODEME.

Vous êtes mort ; au Diable.

PIRANTE.

Mais si....

NICODEME *lui présentant sa fourche*.

N'approchez pas ; voyez-vous ! vertuchou,
Je vous enfourcherions par le chignon du cou.
Adieu.

C vj

PIRANTE.

Tu ne vois pas la piece qui t'eſt faite.
Je ſerois mort !

NICODEME.

Oui : vous. N'eſt-il pas vrai, Perrette,
Que tu dis qu'il eſt mort ?

PERRETTE *en-dedans*.

Il l'eſt plus de ſix fois.
Ce n'eſt que ſon fantôme à préſent que tu vois ;
Garde qu'il ne t'approche, & qu'il ne te ſecoue.
Le moindre de ſes doigts...

NICODEME *lui montrant ſa fourche*.

Ah ! morgué, qu'il s'y joue.
Il varra.

PIRANTE.

Nicodeme ?

NICODEME.

Oh ! je ne voulons point
Etre aveuc les Fantoms : on ſçait, s'il vient à
 point,
Comme ils traitont les gens, quand ils trouvent
 leur belle !
Tatigué ! queu malin !

PIRANTE.

La folie eſt nouvelle !

COMEDIE.

NICODEME.

Je ne vous charchons point, laissez-nous en
repos.

PIRANTE.

Laisse-moi seulement te dire quatre mots.
C'est peu de chose.

NICODEME.

Hé bien ! si votre ame est en peine,
Parlez, j'irons pour vous courir la prétentaine;
Mais morgué ! sans façon, n'approchez que de
loin.

PIRANTE.

Le jugement peut-il te manquer au besoin ?
Je n'ai rien de changé ; tu le vois, Nicodeme.
Je parle, marche, agis. Les Morts font-ils de
même ?
Jamais...

NICODEME.

Oh ! palsangué, vous m'en contez bien là.
Avons-je été morts, nous, pour sçavoir tout
cela ?
C'est bien philosopher !

PIRANTE.

Du moins fais que ton Maître,
Pour m'entendre au mieux, se mette à la fe-
nêtre ;
Je ferai ensuite.

LE DEUIL,

NICODEME.

Il y venra fort bien ?
Pourquoi non ? quand on a du cœur on ne craint rien.
Parrette ?

PERRETTE *en-dedans.*

Est-il parti, Nicodeme ?

NICODEME.

Lui ? voire !
Je lui dis qu'il est mort ; mais il n'en veut rien croire,
Et je ne li sçaurois faire entendre raison.
Notre Maître est-il là ? Morgué ! je tiendrai bon ;
Qu'il vienne à la fenêtre, avec ma fourche seule,
Si l'Esprit fait un pas, je li sangle la gueule.

PIRANTE.

Mais tu me crois donc mort ?

NICODEME.

Oui, pargué ! je le croi.

PIRANTE.

Tu peux t'en éclaircir, approche, touche-moi.

NICODEME.

Tatigué ! je n'ai garde, on voit à votre face,
Que d'un homme entarré vous avez la grimace.

SCENE XIII.
JACQUEMIN, PIRANTE, NICODEME.

JACQUEMIN *à la fenêtre.*

IL faut me hazarder. On me l'avoit bien dit,
Que vous pourriez venir m'apporter un acquit.
Mais des huit cents écus je ne suis plus en peine :
On m'en a tenu compte, & votre crainte est vaine.
Allez, puisse votre ame avoir un plein repos.

PIRANTE.

De quoi me parlez-vous ? Je suis de chair & d'os.
Voyez-moi bien ; je vis. Qui vous rend si crédule,
Que de vous entêter d'un conte ridicule ?
A votre âge êtes-vous de si légere foi ?
Et voit-on bien des Morts qui parlent comme moi ?

JACQUEMIN.

On diroit en effet que vous êtes en vie.
Seriez-vous échappé de votre apoplexie ?
Ou si, quand on est mort, on peut ressusciter ?
Car Monsieur votre Fils, que je viens de quitter,
Et qui porte un grand Deuil, lui-même a pris la peine
De venir m'annoncer...

PIRANTE *s'avançant.*

Quoi ! mon Fils ?...

NICODEME *lui préſentant ſa fourche.*

Ah ! morguenne, n'avancez point.

JACQUEMIN.

Tout beau, Nicodeme ; j'entends
Qu'on reſpecte Monſieur.

NICODEME.

Morgué ! c'eſt perdre tems :
Deſcendez ſans rien craindre, ou bien qu'il ſe
    retire.
Son fantôme n'eſt pas ſi Diable qu'on veut dire ;
Je ne vois rien en lui qu'on ne voye à chacun ;
S'il fait trop le mechant, je ſerons deux contre un.

PIRANTE.

Nicodeme a raiſon : pourquoi tant de foibleſſe ?

JACQUEMIN.

Enfin j'ouvre les yeux, & vois qu'on m'a fait
    piece.
Je deſcends.

NICODEME *à Pirante.*

Vous voyez qu'ous êtes ſatisfait.
Mais point de trahiſon ; car franchement, tout
    net,

COMEDIE.

Fuſſiez-vous un Satan...

PIRANTE.
Ne crains rien, Nicodeme.

JACQUEMIN *ſortant.*
Ah, Monſieur !

NICODEME.
Point de peur, & ne ſoyez point blême.

JACQUEMIN.
Votre Fils, par ſon Deuil, a trop ſçu me duper,
Et n'a feint votre mort qu'afin de m'attraper.
Comme à votre héritier, après ce coup funeſte,
Trouvant que je devois ſix cents Louis de reſte,
Je viens préſentement de les compter...

PIRANTE.
A lui ?

JACQUEMIN.
A lui-même. Voyez ſon acquit d'aujourd'hui.

PIRANTE.
Nous fourber l'un & l'autre avec tant d'impudence !
Peut-être il n'eſt pas loin. Vîte, allons...

JACQUEMIN.
Patience :
Nous en aurons raiſon, j'attends ici Criſpin :
Entrez pour un moment là-dedans.

PIRANTE.
Le Coquin

66   LE DEUIL,
PERRETTE *sortent.*
Vous n'êtes donc pas mort, Monsieur ?
PIRANTE.
L'effronterie !
Prendre le Deuil !
NICODEME.
Voyez ! avec l'apopléxie.
PERRETTE.
Ils ne se doutoient pas qu'il en fût revenu.

SCENE DERNIERE.
PERRETTE, NICODEME, CRISPIN, JACQUEMIN.

NICODEME *approchant Crispin, & allant au-devant.*

Morgué ! comm' te v'là fait ! Qui t'auroit reconnu ?
Queul habit !

CRISPIN.
Tout un an il faut être de même ;
Notre vieux Maître est mort, mon pauvre Nicodeme.
NICODEME.
Hé ! ne devoit-il pas s'empêcher de mourir

En fa place, morgué! je m'aurois fait guarir.
CRISPIN.
Mais tu fçais qu'à la mort il n'eft point de remede.
NICODEME.
Morgué! j'appellerois vingt Sorciers à mon aide,
Plutôt que de mourir.
CRISPIN.
    Fort bien : mais il eft mort.
NICODEME.
Tant pis pour lui.
JACQUEMIN.
   Crifpin, viens-çà, je craignois fort
Qu'on ne te fît partir fans que je te revifle.
CRISPIN.
Ah ! je fuis pour cela trop à votre fervice.
JACQUEMIN.
C'eft à toi que je dois le rabais qu'on m'a fait:
Il étoit jufte auffi de m'en faire.
CRISPIN.
      En effet,
Payer neuf mille francs, c'étoit trop.
JACQUEMIN.
      Ton falaire
Eft tout prêt.

CRISPIN.

Oh ! Monsieur.

JACQUEMIN.

Mais si tu pouvois faire
Que, de huit mille francs toujours prêts à compter,
Ton Maître à l'avenir voulût se contenter,
Je donnerois encor cent Louis tout-à-l'heure.

CRISPIN.

Il faut lui proposer, attendez-moi.

JACQUEMIN.

Demeure,
Puisqu'il n'est pas parti, je veux t'accompagner.

CRISPIN.

Venez, avecque lui vous pouvez tout gagner.
Il ne ressemble point à son vilain de Pere.
C'étoit un franc avare, un vrai prône-misere;
Et s'il ne se fût point avisé de mourir,
Sa lésinante humeur nous eût bien fait souffrir.

JACQUEMIN.

Tu le pleurois pourtant tout-à-l'heure.

CRISPIN.

Sans doute :
Il falloit bien pleurer ; qu'est-ce que cela coûte ?
Quoique pour notre joie il soit mort un peu tard,

C'est toujours être mort.

PIRANTE *qui écoutoit.*

Ah! je te tiens, pendard!

CRISPIN *feignant d'avoir peur.*

Au secours.

PIRANTE.

Tu me crains! je suis donc mort?

PERRETTE.

Courage.
Dis que c'est son Esprit qui revient.

CRISPIN.

Ah! j'enrage.

NICODEME.

As-tu peur du Fantôme, & n'oses-tu parler?

PIRANTE.

Tu me fais donc mourir afin de me voler,
Scélérat?

NICODEME.

Là, réponds.

PIRANTE.

Ah! je te ferai pendre.

CRISPIN,

Monsieur, n'en faites rien; je vais vous tout
apprendre.
Pour tirer votre argent de Monsieur Jacquemin,
Votre Fils avec lui m'a fait jouer au fin;
Mais j'ai plus à vous dire. Il s'est à la sourdine

LE DEUIL,

Marié depuis peu.

PIRANTE.

     Le traître me ruine.
Quelque gueuse l'aura fait prendre sur le fait.
Qu'a-t-il donc épousé? Qui?

CRISPIN.

       Madame Babet.

JACQUEMIN.
Ma Fille?

CRISPIN.
Votre Fille.

JACQUEMIN.

     Au déſçu de ſon Pere!
L'effrontée!

PERRETTE.

   Il l'aimoit: il l'épouſe, que faire?

JACQUEMIN.
Tu l'as donc ſçu?

PERRETTE.

  Moi? Non. Mais enfin quand les gens...

PIRANTE.
Qu'on la faſſe venir.

CRISPIN.

     Elle eſt allée à Sens.
Mon Maître l'y doit joindre; & de-là, ce me ſemble,
Ils ſe ſont dit le mot pour s'en aller enſemble.

COMEDIE. 71

JACQUEMIN à *Pirante*.

Monsieur, je suis fâché...

PIRANTE.

Non, Monsieur Jacquemin,
Ce peut être une fourbe; il en faut voir la fin.
Mon Fils t'attend?

CRISPIN.

Monsieur, il est au Mouton rouge;
Je m'en vais l'avertir, si vous voulez.

PIRANTE.

Ne bouge.
Il faut l'aller surprendre; & s'il est marié,
Babet est ma Filleule, il est justifié.
Elle mérite assez d'entrer dans ma Famille.
Allons.

JACQUEMIN.

Ah! c'est, Monsieur, trop d'honneur pour ma Fille.

NICODEME à *Jacquemin*.

Comme vous êtes riche, il faut...

JACQUEMIN.

Moi riche? abus;
Je n'ai rien.

NICODEME.

Eh! morgué, dégainez vos écus.
A-vous peur sous vos pieds que la tarre vous faille?

JACQUEMIN.

Il faut me laisser vivre : après, vaille que vaille ;
Si j'ai quelque pistole, on me la trouvera.

PIRANTE.

Hé ! Monsieur Jacquemin on s'accommodera.
Je voudrois seulement que Babet elle-même...

PERRETTE.

Elle vient de partir ; cours après, Nicodeme :
Tu la rattraperas.

NICODEME.

Je vais prendre un cheval :
Laisse-moi faire.

CRISPIN.

Enfin cela ne va pas mal.

PERRETTE.

Tu fais donc trépasser les gens sans qu'ils le sçachent ?

PIRANTE.

Souvent dans leurs desseins les jeunes gens se cachent.
Allons tout éclaircir ; & si l'hymen est fait,
Je pardonne à mon fils, pardonnez à Babet.

www.ingramcontent.com/pod-product-compliance
Lightning Source LLC
LaVergne TN
LVHW051459090426
V00010B/2242